PÉLERINAGE

DE

MONLÉON A BETHARRAM.

Je poursuivrai comme contrefacteur tout débitant d'exemplaires qui ne seraient pas revêtus de ma signature.

Laglei…

PÉLERINAGE

DES

PÉNITENS BLANCS

DE MONLÉON-MAGNOAC,
HAUTES-PYRÉNÉES,

A LA CHAPELLE DE BETHARRAM,
BASSES-PYRÉNÉES,

POUR OBTENIR L'HEUREUSE DÉLIVRANCE DE S. A. R.
MADAME LA DUCHESSE DE BERRY, LA NAISSANCE
D'UN PRINCE, ET LA CESSATION DES FLÉAUX ET
DES MALHEURS PUBLICS,

EN SEPTEMBRE 1820.

In viam pacis.
Luc. 1.

A TARBES,

CHEZ LAGLEIZE, LIBRAIRE-ÉDITEUR.

A PARIS,

CHEZ MÉQUIGNON FILS AINÉ, LIBRAIRE,
RUE DES GRANDS-AUGUSTINS, N.° 9.
JUIN 1821.

ÉPITRE DÉDICATOIRE

A SON ALTESSE ROYALE

MADAME LA DUCHESSE DE BERRY.

Madame,

Daignez accueillir un ouvrage dont tout le mérite consiste à rappeler aux lecteurs votre héroïsme et le bienfait que le Ciel vient d'accorder à tous les Français, par la naissance d'un héritier de Saint-Louis. Il a plû à Dieu que vous fussiez la plus heureuse des mères après avoir été la plus malheureuse des épouses. Que le Tout-Puissant soit béni ; sa miséricorde se propage de génération en génération, hélas ! comme les crimes des hommes. Au milieu de tant de vœux pour obtenir la naissance d'un prince, nous aussi nous avons porté notre humble offrande au pied des autels de celui qui ne dédaignait pas le denier de la veuve.

Notre pèlerinage prouvera dumoins que dans les provinces les plus reculées du vaste empire sur lequel Monseigneur le Duc de Bordeaux doit régner un jour, la famille de Saint Louis a conservé des sujets soumis, et la religion des chrétiens fervens. Conservez-leur, MADAME, ce gage de bonheur que vous leur avez donné. Vivez pour instruire notre jeune Henri, et pour le consoler lorsque vous serez forcée de lui apprendre que son père est depuis long-temps dans le Ciel. Vous lui direz alors que la funeste catastrophe fut l'ouvrage d'un seul, et que la royale victime demanda la grâce de l'homme. Veuillez lui dire encore que tant de vertus n'étaient pas dignes de la terre, et que d'autres martyrs de son auguste famille, qui avaient déjà obtenu leur récompense, l'appelèrent auprès d'eux, pour y recevoir la seule couronne qui lui fût destinée.

Daignez enfin, MADAME, accueillir les sentimens du profond respect avec lesquels nous avons l'honneur d'être

DE VOTRE ALTESSE ROYALE,

Les très-humbles et très-obéissans serviteurs,

Les Pénitens blancs de la Chapelle de Monléon.

AVERTISSEMENT.

La distance à parcourir était d'environ quarante lieues de Paris , en comptant l'aller et le retour. Il nous fallait passer un pays montueux jusqu'à Tarbes. Depuis cette ville, située à-peu-près à la moitié de notre route , nous n'avions à traverser que les deux magnifiques bassins de l'Adour et du Gave. Cette partie du voyage était la plus agréable et la moins pénible ; mais encore la distance était - elle assez forte pour un pauvre prêtre qui marchait pieds nus, et des pélerins des deux sexes, dont plusieurs n'avaient jamais franchi les limites de leur paroisse.

Nous n'avons pas offert ces remarques aux lecteurs pour faire valoir l'importance de notre sacrifice , mais pour fixer l'attention sur la topographie d'un pays dont la description jettera quelque variété dans le récit des événemens , peu intéressans d'ailleurs , qui forment la matière de cet écrit.

PRÉFACE.

L'ACCOMPLISSEMENT d'un vœu est un devoir sacré pour tout chrétien. Celui qui professe les lois de l'évangile, regarde comme un engagement inviolable une promesse faite à Dieu, et sa conscience en réclame toujours l'exécution. Comment ne se croirait-on pas lié par sa conscience, lorsqu'on rougirait de manquer à sa parole d'honneur ? Nous n'ignorons point que ces vérités sont peu respectées de nos jours ; mais le mensonge n'a qu'un temps, la vérité seule est éternelle. Les opinions, les erreurs, les préjugés, les systèmes philosophiques ont leur durée sans doute, et, malgré leurs conséquences funestes, la Providence les souffre ; mais tôt ou tard elle en arrête la propagation, et quelquefois elle en punit les auteurs même dans cette vie. Notre siècle en fournirait plus d'un exemple. Nous ne devons pas juger les voies de Dieu comme nous jugeons les voies des hommes. Suivant la belle pensée de saint Augustin, la patience de Dieu se confond dans son éternité : *Patiens quia æternus.* Qu'on nous pardonne cette courte apologie. Ce n'est pas notre faute si dans le temps où nous vivons elle a paru nécessaire.

L'impression de cet ouvrage a été différée pour des raisons qu'il est inutile de publier ; mais si cette narration, aussi édifiante qu'elle est vraie, donne un ami de plus à la religion et à la royauté, nous n'arrivons pas trop tard.

PÉLERINAGE

DE

MONLÉON A BETHARRAM.

CHAPITRE PREMIER.

DÉTAILS PRÉLIMINAIRES. — DÉPART.

La petite ville de Monléon, enclavée autrefois dans l'Armagnac, faisait partie du diocèse d'Auch. Elle avait titre de cure. Elle n'est plus aujourd'hui qu'une succursale du canton de Castelnau-Magnoac, dans le département des Hautes-Pyrénées, au diocèse de Bayonne. Il existait encore autrefois sur son territoire, au hameau de Garaison, un couvent et une chapelle desservie par quinze prêtres, qui se vouaient principalement aux missions. Cette chapelle avait des droits à la vénération des peuples, par son antiquité et sur-tout par une image miraculeuse de la Sainte Vierge. Le culte de la Mère de Dieu, les saintes instructions des missionnaires, la pompe des cérémonies, l'harmonie des chants, car l'établissement avait aussi son école de musique, y faisaient affluer, à diverses époques de l'année, un grand concours de pélerins. On exécute aux grandes solennités, dans les églises des environs, des messes, des motets composés par les maîtres de musique de Garaison. Un petit nombre d'élèves formés à leur école existe encore, et leur célébrité justifie la réputation des professeurs et l'excellence de leur méthode.

Aujourd'hui le couvent et la chapelle ne sont plus que des ruines. Les bois immenses dont cet établissement était environné, disparaissent tous les jours. Les arbres qui formaient les allées à perte de vue, dans lesquelles de nombreuses processions de pélerins attendaient que le son de la cloche les appelât aux exercices pieux, sont tombés sous la hache d'avides acquéreurs. On ne verra bientôt plus dans ces lieux, autrefois si fréquentés, que des landes stériles, d'où le manque d'eau chassera le cultivateur. Cependant la piété des fidèles a conservé l'image miraculeuse déposée dans l'église paroissiale de Monléon. Quelques amateurs gardent avec un soin religieux des livres qui appartenaient à la bibliothèque des missionnaires. Les heures de la Mère de Louis XIV, écrites sur vélin, avec des vignettes et d'autres ornemens dignes de l'admiration des curieux, ont échappé comme par miracle au fanatisme des derniers persécuteurs.

On trouve dans le même territoire une autre chapelle séparée de l'église paroissiale. Elle avait été fondée environ l'an 1638, par la piété d'un grand nombre d'habitans de Monléon, qui avaient formé une confrérie de pénitens blancs, sous l'invocation de la Sainte Vierge. Leurs statuts, approuvés par les archevêques d'Auch, ont été revêtus de l'approbation des évêques de Bayonne, depuis la réunion de la paroisse à leur immense diocèse. Une des principales obligations des confrères est de prier pour la prospérité de cette auguste famille des Bourbons, dont le bonheur parut si long-temps inséparable de celui de la France. On faisait aussi d'autres prières solennelles, à des époques déterminées, pour la conservation des fruits de la terre. Les grêles, si fréquentes dans nos contrées, appelaient les pauvres laboureurs dans cette humble enceinte : ils y venaient demander à Dieu le pain de chaque jour, et recommander à la protection de la Sainte Vierge la moisson qui devait le leur donner.

Par une délibération en date du mois de mai

1665 , tous les membres de la société avaient promis à Dieu de se rendre en pélerinage, une fois à la fin d'une période de sept ans, dans la chapelle de Betharram, au diocèse de Lescar, pour y visiter une autre image miraculeuse de la Sainte Vierge. La révolution interrompit ces pieux usages. Mais à l'époque du concordat, l'esprit religieux qui n'était que comprimé se réveilla. La confrérie des pénitens blancs revint dans sa modeste chapelle. On y offrit des vœux pour les maîtres de la France. La charité chrétienne ajouta sans doute plus d'une fois à la prière solennelle, d'autres vœux, alors sans espoir, pour d'autres princes dont le souvenir n'était pas effacé, et dont les infortunes avaient fait couler bien des larmes. Le pélerinage à la chapelle de Betharram ne fut pas cependant renouvelé, et la justice de Dieu n'était pas satisfaite.

Une restauration merveilleuse il est vrai avait replacé sur le trône de Saint Louis les légitimes descendans du saint Roi ; mais le génie de la révolution, le génie du mal, n'avait pas été dépouillé de toute puissance. Un homme pour lequel Dieu n'était qu'un mot, fut choisi par l'enfer pour être l'instrument du dernier sacrifice. Un Prince doué du caractère le plus aimable et le plus généreux, et qui seul devait perpétuer la race auguste dont l'existence est peut-être nécessaire à la paix du monde; fut la victime désignée au monstre, et ce monstre l'immola !....

Ce forfait inoui épouvanta toute l'Europe. On essaierait vainement de peindre la consternation des habitans de nos campagnes lorsqu'ils apprirent l'horrible nouvelle : ces hommes simples et bons avaient supporté jusqu'alors, avec une patience digne d'admiration, le poids des tributs, la perte de leurs moissons, que la grêle depuis cinq ans avait constamment ravagées; mais cet assassinat, qui semblait n'être que le prélude de nouveaux crimes et de nouveaux bouleversemens, porta le désespoir dans toutes les ames.

La voix des pasteurs se fit entendre; ils prononcèrent dans les chaires chrétiennes les mots sacrés de pénitence et de satisfaction; ils prouvèrent par le texte des divines écritures que les péchés des peuples n'étaient que trop souvent la cause des malheurs des rois : mais ils dirent aussi que la Providence, lorsqu'elle permet ces grands désastres, dont tout un peuple gémit, fait luire toujours un rayon d'espérance, et mêle un peu de douceur à tant d'amertume.

Ils annoncèrent donc que la France n'avait

pas été frappée dans tous les objets de ses af-
fections ; qu'une veuve infortunée, une nouvelle Rachel pouvait être consolée, qu'elle
portait dans son sein un rejeton de Saint Louis ;
qu'il fallait par de nouvelles prières, de nouvelles supplications , des œuvres éclatantes
d'expiation et de repentir, fléchir et désarmer
cette justice du Ciel qui n'était pas inexorable.
Ils parlèrent du crime et du pardon de Ninive,
où le repentir du peuple et du roi désarma la
céleste vengeance. *Couvrons-nous , s'écriaient-
ils, comme les Ninivites, du sac de la pénitence ;
allons prier sur d'autres rivages pour les enfans
du roi ; il est plus malheureux que nous ; ses
vœux accompagneront les vœux de son peuple.
Le Tout-Puissant ne rejettera point ces supplications unanimes......* Le pélerinage à la
chapelle de Betharram fut résolu.

L'arrivée inattendue d'un vénérable vieillard,
M. Ascier, pasteur d'une paroisse voisine ,
vint ajouter à la commune ferveur. Cet ecclésiastique, réfugié en Espagne pendant la révolution, avait promis à Dieu d'accompagner,
nu-pieds, une de nos processions, si jamais
la bonté du Ciel le ramenait dans son église.
Il avait retrouvé son autel , tous ses enfans
étaient revenus à lui ; mais la négligence des
pénitens , dont il était le sous-prieur, ne lui

avait pas permis d'acquitter sa promesse. L'occasion lui était enfin offerte, il la saisit avec empressement. Le jour du départ fut fixé ; et après avoir obtenu les autorisations nécessaires de monseigneur l'évêque de Bayonne, et de MM. les préfets des Hautes et Basses-Pyrénées, la procession se mit en route le 26 septembre 1820, à quatre heures du matin, sous la conduite de MM. Blaignan, Fittère, et Traves : le premier, curé de Castelnau, était prieur ecclésiastique de la confrérie ; les deux autres étaient les desservans de deux églises du canton. Le vénérable Ascier, nouveau Pierre l'Hermite, revêtu de ses habits sacerdotaux, portant dans ses mains le signe du salut, suivait nu-pieds la marche des pélerins.

CHAPITRE II.

STATIONS SUR LA ROUTE. — ARRIVÉE A TARBES.

La troupe qui suivait le nouvel hermite n'était pas aussi nombreuse que celle dont le prédicateur de la première croisade était accompagné ; mais aux yeux de celui qui connaît et juge les intentions, nous n'étions peut-être pas indignes de la protection du Ciel et de l'attention des hommes. Les croisés allaient porter la gloire du nom français dans des lieux à jamais célèbres par la naissance et la mort du Fils de Dieu ; nous allions, nous, implorer la bonté du Ciel en faveur du dernier rejetton de Philippe Auguste et de Saint Louis, dans une chapelle presque inconnue, mais située dans un pays qui fut la patrie d'Henri IV, non loin de la ville où son berceau se voit encore dans la demeure de ses ancêtres. Qu'on daigne me pardonner ces rapprochemens, ce n'est pas l'orgueil qui les a dictés.

Les pélerins au nombre de quatre-vingt-dix, rangés sur deux files, suivaient à pied le signe de la rédemption ; les rangs étaient confondus : l'humble servante marchait à côté de sa maîtresse, et l'habit du paysan et du bourgeois était le même : touchante égalité que la religion établit sans effort, et qui produit des bonnes œuvres et des miracles, parce qu'elle a pour fondement la charité de son divin auteur ! Parvenus à la première croix, l'adoration se fit dans le plus profond recueillement.

Ce même spectacle d'édification et de piété se renouvelait toutes les fois que nous rencontrions le signe révéré, et ces rencontres étaient assez fréquentes. La croix dans nos contrées marque les limites des divers territoires. Elle

a remplacé les colonnes milliaires des romains.
L'aspect d'une croix ranime et console nos bons
laboureurs, leur garantit la sécurité du présent,
et leur découvre dans l'avenir des espérances
immortelles.

A mesure que la procession avançait, des
ouvriers employés dans les champs abandon-
naient leur charrue et le sillon commencé,
pour venir se prosterner à genoux avec les
pénitens, et chanter avec eux l'hymne de l'adoration : *O crux, ave*..... Les habitans des
villages que nous traversions, nous accompa-
gnaient quelquefois jusqu'à la première station.
Les pasteurs nous attendaient aux portes de
leurs églises. Nous recevions la bénédiction du
saint sacrement dans ces pauvres sanctuaires
que la persécution a ravagés, que l'industrieuse
charité s'empresse de restaurer tous les jours ;
mais dont les ruines ne pouvaient être cho-
quantes aux yeux des vrais adorateurs de celui
qui dans le cours de sa vie mortelle n'avait
pas où reposer sa tête.

Nous avions franchi les territoires des paroisses de Betpouey, Tournous, Osmets,
Chelle, Castelvieilh et Pouyastruc. La pluie
qui avait commencé au moment de notre départ, avait cessé bientôt après ; mais le ciel
n'était pas redevenu serein, ce qui est digne

de remarque dans un pays où l'automne est la saison la plus agréable et la moins sujette aux orages. L'aspect d'un horizon nébuleux ajoutait peut-être au recueillement des pélerins. Le chemin était coupé fréquemment par des coteaux assez rudes, la marche y était quelquefois pénible ; cependant les saints cantiques n'étaient jamais interrompus, et les accens de la prière réveillaient toujours l'écho du désert. Nous avions parmi nous des vieillards, des femmes, des enfans. Tous priaient et marchaient sans se plaindre. Aucun murmure n'était entendu. Voyageurs dans la vallée des larmes et de l'exil, les vieillards avaient vû se former et s'évanouir les orages de la révolution, bien plus terribles que les ouragans et les tempêtes de la nature. Les enfans n'attendaient pas un meilleur avenir ; qu'avaient-ils fait pour être plus heureux que leurs pères ? Ces pensées mélancoliques nous occupaient lorsque parvenus à la cîme du dernier coteau, et arrêtés devant une ancienne chapelle, que la piété des peuples avait dédiée à saint Roch, et que la révolution a changée en cabaret, nous aperçûmes la ville de Tarbes, au milieu d'une plaine immense et bien cultivée, arrosée par l'Adour, qui coule à l'orient de la ville et traverse la plaine dans toute sa longueur. Il

était six heures du soir, et notre voyage devait
finir avec le jour.

CHAPITRE III.

TARBES. — STATION ET SÉJOUR.

Tarbes, autrefois capitale du comté de Bi-
gorre et maintenant chef-lieu du département
des Hautes-Pyrénées, renferme une population
d'environ huit mille âmes. Cette population
est distribuée en deux paroisses, dont l'une
était le siège d'un évêché. L'origine de ce
siège que le dernier concordat a rétabli, re-
monte au troisième siècle. La seconde paroisse est une église des templiers, bâtie sur
le sol qu'occupait le palais des anciens comtes.
Elle est dédiée à saint Jean-Baptiste, et renferme dans son enceinte une chapelle de saint
Jérôme, patron et modèle des pénitens. Cette
chapelle est desservie par une confrérie de pénitens bleus, qui dans tous les temps se sont
regardés comme nos frères. Nous les avions
visités, et ils nous avaient toujours accueillis
dans nos précédens voyages ; mais depuis 3o
ans c'était pour la première fois que les deux
confréries allaient se trouver réunies au pied

d'une croix nouvelle plantée à l'orient de la ville. Le bois des anciens jours a disparu ; mais le signe adorable s'est élevé de nouveau. La dernière persécution a été la plus cruelle ; mais, comme les précédentes, elle n'a pû dévorer que les persécuteurs. La religion éternelle survit à toutes ces attaques. Elle a vaincu les enfers, pourrait-elle trembler devant les hommes !

La même piété qui signala des temps plus heureux, avait amené nos anciens frères à notre rencontre. Ils marchaient précédés du clergé de la paroisse, suivis d'une foule de peuple. La nouveauté du spectacle n'avait pas seule attiré ce concours ; tous ces hommes étaient chrétiens et français, et, comme leurs ancêtres, ils savaient tous qu'il fallait adorer Dieu et honorer le Roi.

Le ciel avait repris sa sérénité. Le soleil, déjà sur son déclin, éclairait de ses derniers rayons la cîme des Pyrénées, dont la chaîne immense bornait la vue du côté du midi. Ce magnifique horizon fixait nos regards, lorsque les deux croix des confréries et celle qui était plantée sur la route, nous rappelèrent le mystère auguste de la rédemption, et cette autre patrie où le rédempteur nous attend, bien différente de celle où nous passons comme de pauvres pélerins. De nouveaux cantiques se firent entendre ; mais les voix étaient plus nombreuses : une population immense priait prosternée. Ce concours de tant de fidèles , ces signes sacrés placés devant nous comme ils le furent autrefois sur le Calvaire , ces hautes montagnes immobiles depuis la création , et qui semblaient nous offrir une image de l'éternité ; la prière et la ferveur sur la terre , l'espérance et la sérénité dans le ciel ; ces objets imposans réveillaient dans nos âmes avec la pensée de notre néant , la pensée consolante de la grandeur et de la bonté de Dieu.

Nous entrâmes dans la ville au son des cloches des deux paroisses. La première station se fit à la chapelle de saint Jérôme , où nous fûmes introduits par nos frères ; le clergé nous attendait à la porte de la grande nef , déjà remplie par le nombre toujours croissant des fidèles. La nuit était survenue , le temps était redevenu pluvieux, on craignait le tumulte et le désordre inévitables dans les grandes réunions , même dans une église, sur-tout pendant la nuit : nous fûmes bientôt rassurés ; nous n'entendîmes que les chants des ecclésiastiques et des confrères, et les soupirs de quelques âmes pieuses et ferventes : peut-être ces chrétiens inconnus

n'osaient-ils confier qu'à Dieu leurs propres dis-
grâces, lorsqu'ils songeaient à combien de malheurs si peu mérités une auguste famille, placée
sur le premier trône du monde, était exposée
depuis trente ans. Les premiers martyrs pen-
saient-ils aux tourmens qui les attendaient à
l'amphithéâtre , lorsqu'ils étaient prosternés au
pied de la croix, et qu'ils tenaient dans leurs
mains l'éternelle victime. La station fut ter-
minée par la bénédiction du saint sacrement.

Nous trouvâmes hors de l'enceinte de l'église
d'autres frères qui n'avaient pu se rendre au
lieu de la station ; ils étaient venus chercher
un hôte, car nous étions attendus dans leurs
maisons, où la plus touchante fraternité nous
accueillit : le père, la mère les enfans s'em-
pressaient autour de nous ; ils s'embarrassaient
mutuellement dans les services qu'ils voulaient
nous rendre, et, fatigués comme nous l'étions,
leur tendre empressement nous fatiguait encore, mais pouvait-il nous déplaire ? Enfin ,
nous fûmes reçus à leur table, où la franche
et cordiale amitié nous avait préparé le modeste festin. Ainsi voyageaient autrefois les
pères des nations ; ainsi étaient reçus les voyageurs et les anges eux-mêmes sous les tentes
d'Abraham, d'Isaac et de Jacob. Saintes cou-
tumes, que cette civilisation dont nous sommes

si fiers a changées, mais dont la religion a conservé le souvenir dans ses annales, et qu'elle se plaît à renouveler quelquefois au milieu de nos sociétés vieillies et corrompues, pour nous faire admirer combien furent heureuses les premières générations des hommes qu'elle éclaira de sa lumière. Enfin un sommeil qui ne fut point troublé par des rêves pénibles, parce que nos consciences et nos intentions étaient pures, vint nous préparer aux fatigues du lendemain.

CHAPITRE IV.

DÉPART DE TARBES. — ARRIVÉE A BÉTHARRAM.

Le vingt-sept, à la pointe du jour, après avoir entendu la messe à la chapelle de saint Jérôme, nous nous remîmes en route. Nos frères et le clergé de la paroisse Saint-Jean nous accompagnèrent l'espace d'une lieue sur la grande route de Lourdes que nous devions suivre jusqu'à Juillan. La séparation se fit en présence de la croix, et après nous être unis dans une adoration commune. On nous promit un accueil plus tendre à notre retour. Nous traversâmes le village de Juillan sans nous arrêter. Les fatigues de notre vénérable sous-prieur, âgé de près de quatre-vingts ans, et qui marchait nu-pieds, nous avaient engagés à prendre un détour qui abrégeait notre voyage. Nous ne fûmes pas trompés quant à la distance, mais les chemins étaient plus mauvais ; nous arrivâmes cependant à Ossun long-temps avant midi.

Ossun est un grand village très-peuplé, qui dans d'autres contrées pourrait passer pour une ville. Ses habitans, presque tous livrés au commerce et qu'on retrouve sur toutes les routes du midi de la France, se faisaient facilement reconnaître autrefois par l'habit romain qu'ils n'ont abandonné qu'à l'époque d'une révolution qui a changé tant d'autres usages. Dans les temps les plus difficiles, ils se distinguèrent par leur invariable attachement au culte de leurs pères et à l'ancienne famille de nos Rois. Nous ne pouvions être accueillis avec indifférence par ce bon peuple. Le pasteur et le troupeau rivalisaient de prévenance et d'affection ; ils voulaient nous retenir jusqu'au lendemain. Leurs raisons paraissaient convaincantes ; le temps était orageux ; l'occident était couvert d'épais nuages ; tout annonçait une tempête. Les femmes et les vieillards auraient balancé peut-être, mais le besoin et le désir d'arriver au terme de notre voyage, d'où nous n'étions plus éloignés que de quatre lieues, l'emportèrent sur des instances qui furent plus d'une fois renouvelées ; et après avoir visité l'église qui est charmante, et salué le saint sacrement, nous continuâmes notre route.

Nous cheminions sur un terrein boueux et glissant, qui nous conduisait par une pente assez rapide à une espèce de fondrière traversée par un faible ruisseau. On priait avec la même ferveur, mais nos jeunes vierges, quoique élevées dans nos campagnes où la vie est si pénible, parce que les travaux y sont continuels, commençaient à sentir leurs forces défaillir. Elles gravissaient péniblement la colline opposée : heureusement la plus légère distraction suffit à cet âge pour lui faire oublier les peines.

Tout-à-coup des voix humaines se font entendre ; ce sont nos cantiques, nos hymnes, nos prières, le même accent, la même harmonie : nous crûmes d'abord que les échos répondaient à nos voix dans ces vastes solitudes; quel fût notre étonnement, parvenus au sommet, de voir plus de mille chrétiens, rangés dans le plus bel ordre, sous la conduite d'un jeune prêtre, M. l'abbé St.-Martin, lesquels nous attendaient, en répétant nos chants pieux, au bas de la colline que nous venions enfin de franchir. La procession était formée de toutes les confréries de la ville de Pontacq. Cette rencontre inattendue nous combla de joie. La croix et les bannières furent bientôt placées autour du chêne antique ; le chant de l'adoration se fit entendre, et le Dieu de la solitude reçut un hommage solennel dans des lieux où son nom n'avait jamais été prononcé peut-être que dans la prière du berger errant avec son troupeau, ou dans celle du voyageur égaré.

A peine avions-nous repris nos rangs, que l'aspect d'une procession nouvelle vint ajouter à notre allégresse. Le pasteur de Lamarque, dernier village du département des Hautes-Pyrénées, et qui paraît n'être qu'un faubourg de la ville de Pontacq, nous attendait aux limites de son territoire ; le maire et son adjoint, en écharpe, étaient avec lui : ils étaient précédés d'un magnifique drapeau blanc, parsemé de fleurs de lis, qu'on portait devant la croix. Le drapeau sans tache peut être placé sans inconvenance à côté de celui par lequel toutes les taches sont effacées. Nous reçûmes au milieu de nous ces nouveaux frères. Ils nous offraient pour garant la croix et les fleurs de lis. Nous entrâmes dans la ville. Le drapeau blanc ouvrait la marche ; il était suivi de dix-huit croix ou bannières : c'était un véritable triomphe. Tel fut sans doute le cortége du premier Roi très-chrétien, lorsqu'après avoir reçu le baptême, il entra dans sa nouvelle capitale, au milieu de ses pontifes et de ses guerriers, précédé de la bannière des combats et du signe de la rédemption. Sainte alliance de l'autel et du trône, formée pour le bonheur des peuples, et qu'on ne rompt jamais sans exposer les nations à une ruine inévitable.

Durant la marche, les âges, les sexes et les conditions s'étaient naturellement assortis. Les jeunes filles de Lamarque et de Pontacq consolèrent par leurs caresses, et ranimèrent par leur tendre accueil le courage de nos jeunes pélerines. Remplis d'une nouvelle ardeur, nous arrivâmes à l'église paroissiale presque délassés. Nous y reçûmes, avec tous les habitans, la bénédiction du saint sacrement. Une légère collation acheva de nous rendre nos forces, et nous continuâmes notre route.

Une terrible épreuve nous était réservée. Le temps était toujours mauvais, et les boues, les cloaques, les flaques d'eau qu'il fallait traverser à chaque pas, tourmentaient notre patience. La veille de longs intervalles de beau temps avaient rendu la marche moins pénible ; mais le vingt-sept, jour de notre arrivée, la pluie fut presque continuelle. Nous avancions pourtant ; mais à peu de distance de Montaut, dernière paroisse qu'il nous fallait visiter avant d'arriver à Betharram, le temps devint affreux : des nuages noirs, amoncelés sur la cîme du Calvaire, que nous avions en face, étaient sillonnés par de longs éclairs, et la foudre grondait par intervalles. Bientôt nous fûmes inondés par les torrens d'une pluie mêlée de neige et de grêle. Les fréquentes rafales d'un vent froid et violent, rendaient les atteintes de ces globules glacés plus piquantes et plus douloureuses ; le voile de la croix ne couvrait plus la sainte image, il flottait comme une banderolle au gré des vents, semblable à ces flammes placées au sommet du mât d'un navire : la croix elle-même chancelait entre les mains robustes du pélerin qui la portait devant nous. Elle nous avait guidés jusqu'alors ; elle allait nous abandonner. Le découragement était universel ; *les chants avaient cessé*. Heureusement un prêtre de Jesus-Christ se trouvait au milieu de nous. Le vénérable Ascier suivait le chemin sans se plaindre, et sa prière ne discontinuait pas : ministre de celui qui finit par exaucer la prière de la Cananéenne, il

savait qu'on n'obtient que par la persévérance ;
il était sans chaussure , et il devait souffrir
bien plus que ses compagnons de voyage.
L'exemple de son courage et de sa constance
ne fut point perdu, il est vrai qu'il fut secondé
par l'inclémence même du temps. La violence
du vent dissipait quelquefois les nuages, et dans
des courts instans de sérénité découvrait à nos
yeux la cîme du Calvaire couronnée de sapins
et de chênes d'une hauteur prodigieuse. Cette
apparition, comme celle des tours de la Cité
sainte, lorsqu'elle s'offrit pour la première fois
aux regards des croisés, nous donna de nouvelles forces : là était pour nous Jérusalem.
Ainsi nous arrivâmes à l'église de Montaut,
sans avoir offensé le Ciel ; nous le présumons
du moins. La patience de notre vénérable
guide n'était-elle pas d'ailleurs une compen-
sation suffisante pour de légers murmures, et
la bonté divine n'admet-elle pas aussi des com-
pensations.

Nous trouvâmes enfin un asile dans l'église
de Montaut. Nous y étions entrés dans un désordre difficile à décrire. La prière se faisait
en silence ; les prêtres à genoux n'osaient se
faire entendre de ces hommes prosternés ,
dont les vêtemens étaient trempés d'eau : elle
ruisselait de tous côtés, et les pavés du temple

en furent bientôt couverts. On ne donna point la bénédiction du saint sacrement. Comment renouveler les pompes de la cérémonie sainte au milieu de tant de désordre et d'agitation. Le pasteur et les fidèles de Montaut voulaient nous retenir jusqu'au lendemain ; nous retrouvâmes assez d'énergie pour résister à leurs offres obligeantes. Nous étions aux portes de Jérusalem ; l'orage était apaisé, et la foudre ne grondait plus que dans le lointain. Une demi-heure de marche nous conduisit à la sainte chapelle, où nous fûmes reçus au son des cloches et au chant des hymnes des pieux solitaires.

Nous remerciâmes par une courte prière le Dieu qui nous avait protégés, et qui dans la dernière épreuve avait soutenu la constance de nos pauvres pélerins. Les prêtres furent logés dans les longs dortoirs du séminaire avec les hommes. Les femmes furent distribuées dans les maisons du village de Lestelle, où toutes les mères de famille se disputaient le plaisir de les recevoir.

CHAPITRE V.

STATION A BETHARRAM.

Betharram est un établissement ecclésiastique situé dans le village de Lestelle. C'était autrefois une maison de missionnaires soumis au même régime que les missionnaires de Garaison. Les deux sociétés avaient le même fondateur. Les vandales révolutionnaires ont détruit, comme à Garaison, l'ancien couvent ; mais sur ses débris la piété du respectable Mgr. Loison, évêque de Bayonne, a élevé un séminaire. Le destructeur de Betharram était un prêtre apostat : la providence réservait à un évêque la gloire de rendre à la religion un édifice dont l'impiété s'était emparée. Ainsi des prélats, légitimes successeurs des apôtres, effacent tous les jours jusqu'aux dernières traces des ravages des persécuteurs.

Une image miraculeuse de la Sainte Vierge, révérée depuis des siècles, et conservée dans nos temps malheureux par la piété de quelques fidèles cachés dans le voisinage, attire à diverses époques de l'année dans la chapelle du séminaire un grand concours.

Betharram , situé sur les limites de deux provinces populeuses, voit arriver en foule les pélerins des deux pays. Du sommet du Calvaire , au pied duquel la chapelle est bâtie, sur les bords du Gave dont elle est séparée par la grande route , le point de vue est admirable.

A l'orient et à l'occident la vue se promène avec délices sur des coteaux couverts de forêts, de villages et de moissons , qui bordent en amphithéâtre la chaîne des Pyrénées , et se prolongent des deux côtés jusqu'à la mer. Au midi se déploie l'aspect majestueux des montagnes couvertes des neiges éternelles, dont l'éclatante blancheur se confond avec l'azur des cieux. Quoique ces masses énormes soient encore assez loin, il semble qu'on y touche. Mais du côté du nord la vue se perd dans l'immensité , et l'œil est obligé de se reposer sur une plaine couverte de villages bien peuplés et bien bâtis, au milieu desquels le Gave de Pau roule ses eaux limpides. Cette charmante portion du Béarn était un lieu de prédilection pour les anciens souverains. Le château de Pau qui fut si long-temps leur séjour, est bâti à l'extrémité septentrionale de la plaine. Dans ce château naquit leur Henri IV. A peu de distance de Betharram , s'élève le château de Coarraze, où le jeune prince fut nourri. On montre encore les sentiers sur lesquels ses premiers pas furent empreints, le petit lac, le petit ruisseau sur les bords desquels on le promenait enfant, avec d'autres enfans de son âge ; les bons paysans ne l'appelaient alors, ne l'appelent même aujourd'hui que *lou nouste Henric.* Ce n'est point dans ces contrées heureuses qu'il faudrait chercher des Ravaillac ou des Louvel. Qu'on me pardonne tous ces détails. Les pélerins sont des voyageurs, et dans les récits des pélerins qui nous conduisent avec eux à Rome, à Jérusalem, dans tous les lieux que les malheurs ou la gloire de la religion ont illustrés, les descriptions des sites qui les ont frappés, les faits historiques qu'ils ont appris, ne sont pas la partie la moins intéressante de leurs ouvrages.

Le jour n'avait pas encore paru et déjà l'enceinte du temple était remplie. Notre troupe s'était merveilleusement grossie depuis notre départ. Une foule d'hommes et de femmes, dans les dernières paroisses que nous avions traversées, s'étaient joints à nous. Tout ce peuple était affamé d'instruction, et désirant participer au pain des forts. Les cénobites secondèrent le zèle de nos prêtres : tous furent occupés pendant plusieurs heures à re-

concilier avec Dieu tant d'âmes pieuses et ferventes. Une communion générale accompagna
le saint sacrifice. L'exercice du matin ne finit
qu'à midi.

A deux heures les exercices recommencè-
rent; on chanta les vêpres de la Sainte Vierge,
et la procession vers la cîme du Calvaire fut
ordonnée. La croix ouvrait la marche : les
hommes rangés sur deux files dévançaient les
prêtres ; les pélerines étaient placées aux derniers rangs. Toutes les chaussures furent dé-
posées au pied de la montagne. Des simples
fidèles voulurent imiter le vénérable Ascier,
en montant pieds nus la voie douloureuse.

Le Calvaire de Betharram, comme toutes
les montagnes consacrées par le souvenir de
la passion, est couvert de chapelles bâties le
long du chemin qui conduit en serpentant jusqu'à la crête où les trois croix sont plantées.
Dans ces étroites enceintes sont représentées
les diverses scènes de ce drame lugubre dont
Jérusalem fut le théâtre, et qui dans tout l'uni-
vers, depuis tant de siècles, a fait couler tant
de pleurs. La procession s'arrêtait à chacune de
ces chapelles, où l'on renouvelait la prière de
l'adoration. Il était édifiant de voir des pauvres
mères prendre leurs enfans dans leurs bras pour
leur faire baiser avec respect les saintes images.

Voilà, disaient-elles, *le Jardin des Oliviers où commença l'agonie ; ici est la chapelle de la flagellation : le sang qui ruisselle de ces plaies entr'ouvertes est le prix de la rédemption des hommes ; il criera contre les pécheurs au jour du jugement. Voyez ces soldats romains, ils tirent au sort la sanglante dépouille de celui qu'ils ont crucifié ; ils sont bien moins coupables que ces juifs qui, après l'avoir trahi, le leur ont livré.....* Mais déjà nous étions arrivés au pied de la grande croix où l'image du Christ était attachée ; elle était placée entre deux autres croix de moindre grandeur.

Il ne fallût pas donner le signal de l'adoration. Tout ce peuple par un mouvement spontané se mit à genoux, et bientôt tous les visages furent cachés dans le gazon. Les langues étaient muettes, la prière était toute intérieure, et si dans ces premiers instants des larmes furent versées, elles ne furent vues que par des anges consolateurs qui les portèrent au pied du trône du Dieu de miséricorde. Ce silence imposant fut interrompu par la voix du supérieur ecclésiastique.

Placé sur les gradins qui formaient une espèce de piédestal autour de la grande croix, il était facilement entendu de tous ses auditeurs. Le ciel était serein ; le souffle le plus léger n'agitait point le feuillage des chênes et des sapins, qui nous couvraient de leurs douces verdures ; tout était calme au-dehors comme dans l'intérieur de ces âmes régénérées.

Le vénérable missionnaire expliqua d'abord les vérités consolantes ou terribles contenues dans le mystère dont la croix est le symbole ; et, après avoir rappelé à ses auditeurs les grandes œuvres de pénitence et d'expiation dont elle présente à notre vénération l'adorable modèle, « Hélas ! s'écria-t-il, depuis cette
» funeste révolution, par laquelle les peuples
» sont tourmentés, combien de sacrifices qui
» n'étaient que le prélude d'autres sacrifices
» plus douloureux, ont été offerts au pied de
» la croix. Placée entre le temps et l'éternité,
» après avoir sanctifié nos vertus sur la terre,
» elle nous ouvre les portes du Ciel. Partout
» où elle parut, sa présence fut signalée par
» des prodiges. L'heureux Constantin la vit
» briller dans les airs ; elle fut pour lui le
» signe de la victoire ; elle lui donna l'empire
» du monde ! Elle conduisit les guerriers
» français sur les remparts de Solime, assura
» le triomphe de Saint Louis dans les plaines
» de la Massoure, soutint son courage dans
» les prisons de Damiette, le consola mourant
» sur les ruines de Carthage.

» Le descendant de Saint Louis, que des
» factieux appelèrent le dernier de leurs rois,
» l'approcha tous les jours de ses lèvres, aux
» diverses époques de sa longue agonie. Ils
» l'avaient bannie de leurs temples, et elle
» s'était réfugiée dans une prison pour y con-
» soler les derniers instans d'un roi malheu-
» reux. Deux augustes princesses compagnes
» de la gloire et de l'infortune d'un frère et
» d'un époux, l'enfant royal, et sa sœur,
» non moins malheureuse puisqu'elle fut con-
» damnée à leur survivre, combien de fois
» ces illustres captifs ne s'étaient-ils pas pros-
» ternés devant le signe du salut dans leurs
» jours de tribulation et d'épreuve. La croix
» soutenait leur constance sous ces voûtes té-
» nébreuses, en leur rappelant d'autres infor-
» tunes supportées avec une patience et une
» résignation plus qu'humaines !

» Mais, ajouta-t-il, en terminant ce discours,
» que nous regrettons de ne pouvoir rapporter
» en entier, tout espoir est-il donc perdu ! une
» merveilleuse restauration n'a-t-elle replacé
» sur le trône de la France les héritiers légi-
» times du saint Roi, que pour nous offrir
» des modèles de constance et de courage? Le
» couteau de l'assassin a-t-il coupé la trame
» des jours qui ne sont pas encore tissus ? Jo-

» seph et Benjamin sont-ils ravis pour jamais
» à la tendresse de Jacob ? O chrétiens ! O
» mes frères ! le tombeau de la résurrection
» fut creusé sur le Calvaire, non loin de l'ins-
» trument du supplice. Ici la mort, toute cruelle
» qu'elle est, ne peut triompher de la vie. O
» mon Dieu ! vous nous réservez un nouveau
» miracle. Le flambeau de David sera rallumé.
» Il naîtra cet enfant, qui fut promis peut-être
» aux dernières supplications des victimes que
» vous avez déjà couronnées ; il naîtra pour le
» bonheur de la France, et la gloire de votre
» saint nom.

» J'en ai pour garant les lieux mêmes où
» je fais entendre les oracles de votre parole à
» des chrétiens fervens, à des Français fidèles.
» Ce fleuve qui coule à nos pieds, baigne les
» murs de la royale demeure où naquit notre
» Henri, dans des temps non moins malheu-
» reux.

» Le dernier des Valois venait d'expirer
» sous le poignard d'un assassin. Le premier
» des Bourbons ne pouvait vivre pour la Fran-
» ce, puisqu'il ne vivait point pour le Dieu de
» ses pères. Il avait sucé le poison de l'hérésie
» avec le lait maternel. La rébellion et le fa-
» natisme armés étaient placés entre le trône
» et lui. Cependant tous ces obstacles furent

» vaincus. Cet Henri dont je ne puis prononcer
» le nom sans attendrir mes auditeurs et sans
» m'attendrir moi-même , reconquit ses droits
» usurpés. Il connut le Dieu de ses ancêtres ,
» et lorsqu'il se fut prosterné au pied de ses
» autels, ce Dieu le plaça sur leur trône.

» Oui , nous verrons renaître un nouvel
» Henri. Le Ciel doit l'accorder aux prières
» d'une nation plus malheureuse que coupa-
» ble. Nobles aïeux d'une race de héros et de
» saints, laissez tomber un regard protecteur
» sur tout ce qui nous reste ; hâtez par vos
» supplications la naissance de l'héritier de
» votre nom et de votre pouvoir. Nous joignons
» nos supplications aux vôtres dans ce moment
» solennel.

» O mon Dieu ! vous exaucerez ces vœux ins-
» pirés par vous, puisqu'ils sont prononcés au
» pied de la croix. Ne nous avez-vous point
» promis que vous seriez toujours au milieu des
» fidèles assemblés en votre nom : promesse sa-
» crée qui se réalise tous les jours, et qui seule
» pouvait consoler la terre de votre absence.
» Oui , mon Dieu , vous êtes au milieu de
» nous ; nous le sentons aux ineffables trans-
» ports qui s'élèvent maintenant dans nos âmes.
» Le repentir du pécheur éclate dans ses gé-
» missemens ; la confiance du juste dans sa

» ferveur : achevez, seigneur, l'ouvrage de
» votre miséricorde, peut-être de votre jus-
» tice ; accordez à nos vœux l'héritier de nos
» rois. Il sera le gage de la paix du monde.
» Tous les peuples vous béniront en vous vo-
» yant jeter un œil de compassion sur cette
» France qui les fit trembler si long-temps.
» Les factions désarmées viendront en rugis-
» sant expirer auprès du berceau de l'enfant
» que Dieu nous aura donné, et la France,
» désormais à l'abri de leur atteinte, sera le
» garant de la paix, l'appui des bons, l'effroi
» des pervers et l'asile des malheureux. »

Le saint enthousiasme de l'orateur s'était communiqué à tous les assistans. Mille voix accompagnèrent la voix des prêtres qui commencèrent le *Te Deum*. Les derniers versets de l'hymne, interprète de la reconnaissance et de la joie publique, nous conduisirent jusque dans l'intérieur de la chapelle, où le saint sacrement était exposé.

Avant de donner la bénédiction le célébrant adressa une amende honorable au Rédempteur des hommes. Il le conjura de recevoir nos prières, nos vœux comme une expiation pour tant d'outrages qu'il avait reçus, qu'il recevait encore tous les jours dans cette eucharistie, gage d'un amour infini.

« Et vous, Vierge sainte, ajouta-t-il, vous
» que nous sommes venus invoquer dans ce
» temple élevé par la piété de nos aïeux, et
» où vous aimez à signaler votre bonté, veil-
» lez sur cette famille qu'un miracle nous a
» rendue. Peut-être un miracle est-il néces-
» saire encore pour la sauver des complots
» des méchans dans un pays qui fut autrefois
» l'asile des rois malheureux. Veillez sur la
» jeune héroïne qui porte dans son sein l'es-
» pérance de notre avenir. Qu'il nous soit
» donné cet enfant des désirs, des larmes et des
» prières. Hélas ! sa courageuse mère ne la
» senti tressaillir pour la première fois qu'en
» voyant couler le sang d'un époux ; l'enfant
» royal n'a éprouvé le premier sentiment de
» la vie qu'au moment où son père exhalait
» le dernier soupir. — Vierge sainte, fermez
» les portes de l'abîme ; les esprits infernaux
» n'ont que trop long-temps abusé de la puis-
» sance qui leur fût donnée. » Cette invocation,
écoutée avec le plus grand recueillement, ter-
mina la cérémonie.

Ces discours paraîtront peut-être peu assortis à la simplicité de nos auditeurs, et l'on se
trompera. Les Français d'aujourd'hui sont tels
que la révolution les a faits. Tant d'assemblées
délibérantes, qui heureusement ne délibèrent

plus, ont disséminé beaucoup d'erreurs, sans doute, mais elles ont fait connaître bien de vérités. Les voyages, les expéditions lointaines, n'ont pas moins contribué à éclairer la génération contemporaine. Les noms fameux invoqués par l'orateur sont aujourd'hui connus de toutes les classes. Tel de ces pauvres pélerins prosterné devant une croix sur les bords du Gave, avait vu couler les eaux du Tibre et du Nil, et, tout en priant pour ses princes au pied des Pyrénées, remerciait peut-être la Providence de l'avoir sauvé lui-même des désastres de Moscou.

Quoi qu'il en soit, ces discours étaient prononcés dans la pauvre chapelle de Betharram, le 28 septembre, à huit heures du soir ; et dans le palais des Tuileries, neuf ou dix heures après, le Ciel couronnait les vœux de toute la France, par la naissance d'HENRI-DIEUDONNÉ DUC DE BORDEAUX. Mais nous n'apprîmes l'heureuse nouvelle que six jours après.

CHAPITRE SIXIÈME ET DERNIER.

DÉPART DE BETHARRAM ET RETOUR A MONLÉON.

Le vingt-neuf septembre, après avoir assisté au saint sacrifice, nous prîmes congé des pieux cénobites. Nous nous acheminâmes par la route de Lourdes, où nous arrivâmes à dix heures du matin. Les pasteurs de Peyrouse et de St.-Pé, dont nous avions traversé les paroisses, nous avaient accompagnés jusqu'à leurs limites. Nous étions partout accueillis avec le même empressement, quoique nous eussions changé de route, pour soulager le plus respectable de nos pélerins, M. l'abbé Ascier. Il souffrait moins sur cette superbe chaussée, nouvellement réparée par les soins de M. de Milon-de-Mesne, ancien préfet des Hautes-Pyrénées.

La population de Lourdes vint nous recevoir hors des murs, et forma notre cortége jusqu'à l'église. Les fonctionnaires civils et le jeune vicaire nous en ouvrirent les portes. Nous ne pûmes y offrir au Ciel que des hymnes et des cantiques, avec les élans de nos âmes remplies tout à la fois des sentimens de reconnaissance et de tristesse. Ce peuple s'attendait comme nous à recevoir la bénédiction du saint sacrement ; l'espérance de ce peuple et la nôtre furent trompées. Nous invoquâmes Jesus-Christ caché dans son tabernacle ; et, bien éloignés d'accuser les intentions d'autrui, nous conjurâmes le Seigneur d'exaucer les nôtres.

Nous éprouvâmes le même contre-temps à Adé. Le pasteur était allé visiter un malade. La loi de Jesus-Christ met au premier rang les devoirs de la charité. La place la plus honorable pour ses ministres n'est pas toujours auprès de l'autel. Ils ne sont pas moins dignes de nos respects lorsque la religion les appelle auprès de l'homme souffrant ou malheureux.

A notre premier passage nous n'avions pu nous arrêter à Juillan ; nous étions attendus au retour. Nous eûmes beau nous en défendre, il fallut accompagner le pasteur et le troupeau jusqu'à l'église, située à quelque distance du grand chemin. Après la bénédiction du saint sacrement une modeste agape nous fut offerte, et nous nous assîmes avec tout ce peuple à la table fraternelle. M. l'abbé Ascier voulut bien être l'interprète de notre reconnaissance pour des procédés si généreux, et nous revinmes sur la grande route, où l'écharpe bleue de la croix de nos frères de Tarbes nous annonçait leur arrivée.

Nous les joignîmes en effet à très-peu de distance. Nous entrâmes avec eux dans l'église cathédrale, que nous n'avions pas visitée à notre premier passage. On renouvela les saintes cérémonies. Nos voix fatiguées ne pouvaient presque plus se faire entendre, et nos accens étaient couverts par une multitude d'autres voix. Cependant le ton mélancolique de nos chants, l'hésitation des assistans, qui craignaient de nous causer quelque déplaisir s'ils nous empêchaient d'être entendus, les sons de l'orgue, qui se mariaient par intervalle avec les voix humaines, la présence de la divinité rendue sensible par les espèces eucharistiques, réveillèrent dans toutes les âmes un sentiment ineffable qu'il serait impossible de décrire.

Nous revînmes dans l'église de Saint-Jean, qui nous avait reçus à notre arrivée. Nous parcourions une longue rue, car la ville elle-même n'est qu'une longue rue qui se prolonge tous les jours, sur-tout du côté de l'orient. L'obscurité nous environnait, les fenêtres furent spontanément illuminées. Nous cheminions comme en plein jour, au milieu de tant de lumières et à la lueur des torches et des cierges portés par les assistans. Nous trouvions par-tout et le recueillement et le silence.

On a calomnié notre province, et l'on ca-lomnie tous les jours la France elle-même. La France est peut-être la portion de l'Europe où les idées philosophiques ont fait le moins de ravages. Je n'en veux d'autre preuve que l'esprit éminemment religieux du peuple. Il suffit de montrer à nos compatriotes une croix, une image, un symbole de religion, pour les voir accourir en foule. Nous étions devenus une multitude à notre arrivée à Be-tharram, et cependant nous ne devions être en tout que quatre-vingt-dix. Non, si les lois des Français sont athées, les Français ne le sont point. Les ennemis de Dieu y sont en petit nombre. Des vils sectaires qui conspirent dans l'ombre, qui ne rougissent point d'em-ployer le poignard des assassins, ont évidemment la conviction de leur faiblesse.

La conservation de ces sentimens religieux est due avant tout à l'admirable conduite des prêtres français. On les a proscrits, dépouillés, égorgés ; ils ont tout souffert sans se plaindre. Voyez au contraire quelle est la conduite des mêmes hommes dans d'autres contrées de l'Europe. Plus d'une fois de notre temps on a vu des prêtres catholiques repousser par les armes des attaques injustes ; ce qui ne prouve point en faveur de leur respect pour cet esprit de patience et de douceur que le divin fondateur a si fortement recommandé.

Si nous passons aux autres communions, la différence sera plus frappante encore. Le clergé protestant ne conserve un reste de propriété, que par une obéissance aveugle à l'impulsion de cette philosophie audacieuse qui affiche la prétention d'effacer jusqu'à la dernière trace du christianisme. Un évêque anglican a enseigné dans une instruction pastorale, que les juifs et les mahométans ne pouvaient être exclus de l'église. Je ne sais même s'il n'a pas étendu sa charité évangélique jusqu'aux déistes et aux athées. Dans le procès malheureusement trop célèbre de la reine d'Angleterre, les pairs de la Grande Bretagne ont rougi des discussions qui se sont élevées aux bancs des évêques. Ces prélats n'ont pu s'accorder pour expliquer devant une assemblée de laïques, l'essence du lien religieux dans le mariage. De pareils scandales n'ont jamais affligé la France. Notre clergé a rapporté de son exil les mêmes dogmes et la même morale. Il n'a voulu sacrifier aucune des vérités dont l'enseignement lui était prescrit. Il n'avait laissé aux persécuteurs que ses temples et ses richesses. Il a recouvré ses temples, et perdu jusqu'au souvenir de son ancienne opulence ;

mais il adore toujours le même Dieu. Qu'on nous pardonne ces réflexions, moins étrangères qu'elles ne le paraissent d'abord au sujet qui nous occupe. Je reprends mon récit.

Nous sortîmes de l'église de Saint-Jean pour entrer dans les maisons de nos frères, où nous étions attendus. L'accueil fut aussi fraternel que la première fois. Tant de bienveillance et de bonté font oublier bien de peines et de fatigues. Le lendemain, l'aurore d'un beau jour annonça le moment du départ.

Les pénitens de saint Jérôme nous quittèrent à la première croix plantée sur le bord de l'Adour. M. Ascier fut encore l'interprète de nôtre reconnaissance, et l'un des vicaires de la paroisse de Saint-Jean nous exprima les regrets du pasteur et du peuple, qui auraient voulu nous retenir plus long-temps. Nous promîmes de revenir à l'époque fixée par notre vœu. Mais une période de sept ans est bien longue. Ces adieux si tendres étaient certainement pour un grand nombre les derniers adieux...... La religion de Jesus-Christ est immuable et éternelle comme son auteur ; elle poursuit sa course à travers les siècles son flambeau à la main, et sa voix rassemble sans cesse des nouveaux disciples sur les tombes même de ceux qu'elle a perdus sur la terre, sûre qu'elle est de les retrouver dans le Ciel.

Cette relation deviendrait fastidieuse si je m'arrêtais sur des détails tous, il est vrai, susceptibles d'intérêt, mais nécessairement monotones ; j'abrégerai donc ce qui me reste à dire encore. Une charmante réception nous était préparée à Castelvieilh. A notre passage nous n'avions pu visiter l'église encombrée de matériaux et d'ouvriers. Cet obstacle n'existait plus, et nous y reçûmes la bénédiction. Nous comptions repartir sur-le-champ ; mais la charité de ce bon peuple était bien loin de croire avoir fait assez pour nous. Des longues tables dressées sur la route, étaient couvertes de mets de la saison. Il fut impossible de s'en dédire. Nos hôtes étaient si pressans, nos jeunes gens et nos vieillards étaient d'ailleurs si fatigués : debout, à côté de nos hôtes, et rangés autour de la table commune, nous renouvelâmes avec des frères la fraction du pain.

- Deux heures de marche nous conduisirent à Trie, où nous devions passer la dernière nuit de notre voyage. Nous étions encore attendus. Les rues étaient déblayées, et le peuple était paré comme dans un jour de fête.

Le maire, M. Curie de Senbres, nous accueillit avec un vénérable vicaire, jadis curé d'une grande paroisse, chargé d'ans et de travaux apostoliques, et qui ne rougissait point de n'occuper que la seconde place dans une église dont le pasteur était alors absent. Ils étaient accompagnés de M. le recteur de Fontrailles. Tant de zèle et d'empressement nous furent bien agréables. Le peuple nous suivit en foule à l'église paroissiale, et par les soins de M. le maire, des notables, et des dames les plus qualifiées, nous trouvâmes bientôt un asile et le repos.

Le lendemain nous fîmes notre première station à l'église de Puntous. Le pasteur et le troupeau s'étaient portés au-devant de nous jusqu'au bas du coteau sur lequel le village et l'église sont situés. On n'avait qu'à jeter les yeux sur ces chrétiens si édifians, pour deviner le zèle et les autres vertus du ministre de Jesus-Christ dont l'exemple et les leçons les conduisaient dans la voie du salut.

Une courte distance nous séparait du terme de notre pélerinage ; mais nous devions l'allonger en passant à Castelnau, paroisse de notre vénérable supérieur. Ne lui devions-nous pas cette marque de reconnaissance ? Quoiqu'une procession de pénitens n'eût point pour ce peuple le piquant de la nouveauté, notre chapelle se trouvant trop voisine de leur église, nous n'y fûmes pas cependant reçus le lendemain avec moins d'empressement et de zèle. Le troupeau aurait cru manquer de soumission s'il n'avait partagé la bienveillance et la charité du pasteur.

Nous n'étions plus qu'à une lieue de notre chapelle, et déjà nous entendions le son de la cloche et le bourdon de la paroisse qui annonceaint notre retour. Nous fûmes bientôt environnés de toute la population accourue au-devant de nous. Il fut désormais impossible de maintenir un peu d'ordre dans la procession. Les nouveaux venus avaient forcé les rangs. C'étaient des questions et des réponses sans fin ; car ceux qui étaient restés avaient tant à recevoir et à apprendre de ceux qui étaient partis. Les pères et les mères embrassaient leurs enfans ; le jeune frère se précipitait dans les bras de sa sœur qu'il n'avait pu suivre. Elle était aussi-bien plus grande et sur-tout plus dévote. Parens, amis, confrères, tous, les larmes aux yeux, le cœur palpitant d'allégresse, se saluaient, se félicitaient, s'embrassaient, s'éloignaient pour se rejoindre et s'embrasser encore. Des voix se faisaient entendre, mais il était impossible de distinguer une seule expression : le sentiment du bonheur absorbait toutes les âmes. Chez tous les peuples que notre corruption n'a pas civilisés, le délire de la joie ne se manifeste que par des sons inarticulés et confus. Il en est de même dans nos pauvres villages où l'on ne songea jamais à la perfectibilité toujours croissante des sociétés humaines : ici tout est simple, naturel, et lorsque le sourire est sur les lèvres, un sentiment de bienveillance est dans le cœur.

Il fallut pourtant songer à distribuer les étrennes. Les petits enfans réclamaient les croix et les chapelets qu'on leur avait promis pour les consoler au moment d'une séparation qui de deux côtés avait été si pénible. Alors furent déployées toutes les richesses de la pieuse caravane. Elles consistaient en des petites croix, des chapelets de bois, quelques chapelets de corail, mais pour les riches, des images en bois de la Mère du Sauveur, l'estampe où elle était représentée, tenant son enfant dans ses bras, avec le cantique imprimé tout à l'entour. L'art ne brillait point dans ces ouvrages, produit de l'industrie des laboureurs et des bergers voisins de la sainte chapelle ; mais ils étaient des gages de tendresse, et devaient être pour l'avenir des monumens de religion et de loyauté. Ils devaient rappeler à leurs possesseurs cet enfant royal qui était né par la protection de la Mere de

Dieu, et dont la vie devait se prolonger long-temps pour le bonheur de ses peuples.

La charité chrétienne est expansive. Les habitans des paroisses voisines accouraient de tous côtés. Ils venaient aussi réclamer leur part du sacré butin. Il y en avait pour tous, et ces gages nouveaux renouvelaient d'antiques alliances. Ainsi les premiers voyageurs de la Terre Sainte donnaient leurs bourdons et leurs armes à des amis et des frères qui n'avaient pu visiter le saint tombeau.

Pendant la durée de cette scène touchante, qu'il eût été barbare d'interrompre, les prêtres réunis autour de la croix, chantaient l'antienne *Ecce quam bonum et quam jucundum habitare fratres in unum.* Ils chantaient seuls, mais ce peuple pouvait-il répondre d'une manière plus expressive aux transports du saint prophète. Dans ce moment solennel le vénérable Ascier prit congé de nous. Il avait le plus souffert, et il était pourtant le moins fatigué. Sa conscience était désormais tranquille : le vœu formé sur la terre d'exil était acquitté, et la Providence réservait quelques jours paisibles à sa vieillesse. Il répandit des larmes à son départ ; et quand nous le vîmes s'éloigner, tous les yeux furent humides.

Les adieux solennels de notre vénérable guide avaient enfin réveillé l'attention des pélerins. Le bourdon de la paroisse, par ses sons plus fréquents, nous apelait auprès de la sainte image de Garaison. Nous nous prosternâmes au pied de l'autel, tandis qu'on chantait le *Salve Regina.* Avant de donner la dernière bénédiction, le supérieur ecclésiastique nous recommanda de prier souvent, de prier toujours pour la prospérité de la France, pour la conservation de cette auguste famille qui nous avait été enlevée pour nous punir par nos propres malheurs de tant d'infortunes qu'elle-même devait souffrir ; de prier sur-tout pour l'heureuse délivrance de la jeune veuve qui devait à la France un héritier du nom et des vertus des Bourbons.

Oh ! comme nous nous serions trouvés heureux si nous avions su que le miracle était opéré, et que dans les trois-quarts de la France on chantait le cantique d'actions de grâces, tandis que nous ne songions qu'à d'humbles supplications.

FIN.

<hr>

BAGNÈRES, DE L'IMPRIMERIE DE J.-M. DOSSUN.

www.ingramcontent.com/pod-product-compliance
Lightning Source LLC
Chambersburg PA
CBHW061249050726
47594CB00004B/1427